AF599667

Diego de Torres de Villarroel

El Duende

Barcelona 2026
Linkgua-ediciones.com

Créditos

Título original: El duende.

e-mail: info@red-ediciones.com

Diseño de cubierta: Michel Mallard.

ISBN rústica ilustrada: 9788498161571.
ISBN ebook IA: 9788410762466.
ISBN ebook: 9788498976595.

Sumario

Brevísima presentación

La vida

Diego de Torres Villarroel (Salamanca, 1693-1779). España.

Hijo de un librero, estudió en la universidad de Salamanca y llevó una vida de aventuras. Fue soldado, buhonero, diácono, autor y editor de almanaques astrológicos que firmaba con el seudónimo de «El Gran Piscator de Salamanca», catedrático de matemáticas, exorcista y, finalmente, sacerdote. Francisco de Quevedo influyó en su obra literaria, y en su visión crítica de la sociedad de su tiempo.

Villarroel dio a su actividad literaria un carácter utilitario, publicó sus obras «con el beneficio de la suscripción». Incluso reconocía que el propósito último de publicar libros era económico: «Tú dirás que Torres ha hecho negocio en burlarse de sí mismo y yo diré que tienes razón como soy cristiano».

Personajes

Mamarria
Sebastiana, mujer de mamarria
El sacristán lechuza
Dos vecinos
Tres vecinas

El Duende

(Saldrá el Sacristán y Sebastiana con una luz.)

Sacristán
Tengamos fandangorum, alegrías
y papatoria, Sebastiana mía.
Yo te quiero, te quiero sin mudanza,
de corazón, de estómago y de panza.

Sebastiana
Ya no puede tardar ese menguado
de Mamarria, y el chasco que has pensado
del duende, hemos de darle. Así conviene
castigarlo.

Mamarria (Dentro.)
¡Ah, mujer...!

Sebastiana
Pero ya viene.

Mamarria
¡Ah, mujer! ¡Ah, mujer!, abre al instante,
que yo me vuelvo perro o estudiante,
según mis ganas. Abre aprisa, digo,
que el hambre me taladra hasta el ombligo.
¡Ah, Bastiana, Bastiana!

Sebastiana
Aguarda un poco.
Apaguemos la luz, y entre este loco,
y apenas haya entrado el mazacote,
ánimo, sacristán, y ande el garrote.

(Apagan la luz, abre Sebastiana la puerta y entra tanteando Mamarria.)

Mamarria — San Buen Ladrón, qué oscuro.

Sebastiana — Alza la zanca,
si no quieres pegarte con la tranca.

Mamarria — ¿Por qué la picarona no ha traído
luz al señor Mamarria, su marido?

Sebastiana — Calla: ya de decirlo estoy podrida,
que el duende no me deja cosa viva;
no hice más esta noche que traerla
y el duende la apagó.

Mamarria — Pues encenderla.

Sebastiana — ¿Qué avechucho es el duende, o qué de-
monio,
que tanto nos joroba?

(Dale el Sacristán un porrazo.)

Mamarria — ¡San Antonio!
¿Quién me llama a la espalda?

(Dale de nuevo.)

¡Ay mis jamones!
Aquí andan más de veinte procesiones
de brujos. ¡Ay!

Sebastiana — Mamarria, no lo entiendes,

que no te pega el brujo, sino el duende.

Mamarria ¿Duendes son éstos? ¡Ay, mis espinillas!

(Tropieza.)

Pues, ¿qué deben al duende mis costillas?
Yo voy por luz, que ya la puerta topo.
Válganme los ciriales y el guisopo.

(Va por luz Mamarria y entretanto se va el Sacristán.)

Sebastiana ¡Qué bien se lo ha creído el simplonazo!
Con hambre, tarascada y latigazo,
y con un trato endemoniado y fiero
he de vengarme de este majadero.
Pensaba castigarme el pobre alcuza:
no mientras viva el Sacristán Lechuza.

(Sale con luz Mamarria.)

Mamarria Ya traigo luz, mujer, a la cocina,
presto, presto, a indilgar la mamantina.

Sebastiana ¿La mamantina? ¿Qué es lo que ha dejado
el Paparón?

Mamarria ¿Tan presto lo ha olvidado?
Esta mujer me apura la paciencia.
Pues antes de que hiciese mi partencia
a trabajar al campo esta mañana,
no sabes que te dije: Bastiana,

ahora voy al majuelo del vecino,
tenme comprado del mejor cochino
una libreta y que te den gordura,
y a más a más un poco de asadura,
que yo a la noche volveré templado
a atestarme el bandullo del marrano.

Sebastiana

Ya se ve que me acuerdo y que lo traje;
¿pero no le he contado a mi salvaje,
que no he encontrado en esta casa modo
para que el duende no me lleve todo
lo que tengo?

Mamarria

Pues que, ¿no hay espetera
adonde esté guardada de cualquiera
gato la carne? ¿Que no hay garabato
donde no pueda encaramarse el gato?

Sebastiana

No fue gato, Mamarria; ¿no lo entiendes?
No se lo llevó el gato, sino el duende.

Mamarria

¿El duende? Pues si sabes que es goloso
este animal, ladrón y perjuicioso,
¿por qué, por qué no tienes la comida,
mujer del diablo, en el arcón metida?

Sebastiana

Ya le he dicho al tontón, cabalgaduro
que de este duende no hay lugar seguro.

Mamarria

Pues si aquí no hay mamurria, yo me inclino
a llenarme el jergón de pan y vino

en la taberna.

(Vase.)

Sebastiana

Vaya el mamarracho,
y cuidado con no venir borracho.
Anda con mil demonios, y Dios quiera
que no vuelvas acá, bastión, tronera,
que solo estás pensando en aburrirme,
pero yo he de estar tiesa, terca y firme,
y si me diese un palo el muy menguado,
le he de pagar con otro de contado;
que dares y tomares, solamente
son matrimonio ya de mucha gente.

(Entra el Sacristán.)

Sacristán

Dómina, más que Dómina, amiga,
siempre que yo te veo, el alma pica
un rejón, que a mi cuerpo todo entero
le hace saltar más alto que el crucero
de la capilla, donde yo te adoro,
cantándote aleluyas en mi coro,
Kyries y Glorias porque sola eres
el arpa, y el violín de mis placeres.

Sebastiana

Aparta, loco.

Sacristán

Déjame abrazarte.
¡Ay, qué regalo!

Sebastiana — Basta.

Sacristán — He de estrujarte,
que siento reconcomios.

Sebastiana — ¡Quita, loco!

Sacristán — Reconcomios muy dulces.

Sebastiana — Oye un poco:
Mi marido se fue.

Sacristán — Yo estaba alerta
en la esquina, mirando hacia la puerta,
y luego que salió me dio en el pecho
el reconcomio de venir derecho
a ver esa carita tan hermosa.

Sebastiana — Es necesario que hagas una cosa.

Sacristán — Haré dos mil locuras, manda aprisa.

Sebastiana — Pues esta noche, amigo, es la precisa;
de modo que el rocín de mi marido
está a que es cierto el duende persuadido,
y para asegurarle que esto pasa,
quiero te quedes esta noche en casa,
oculto en este cesto.

Sacristán — Eso, perdona amiga, lo protesto:
¿yo agazapado? Aquesa caravana

es arrastrar bayetas de sotana.

Sebastiana
No hay peligro ninguno, ni el más leve,
que él se acuesta al instante.

Sacristán
No se atreve
mi valor a esconderme, ni a ocultarme.

Sebastiana
Pues vete ya, que a mí no ha de faltarme
quien se esconda y oculte.

Sacristán
¿No es preciso que un hombre dificulte,
y se tema de aquello que es posible?
Yo me quedaré acá, no seas terrible;
y di, ¿qué hemos de hacer?

Sebastiana
Luego que sientas
que está acostado, has de salir a tientas,
y en conociendo que es ese simplote
menudea el porrazo y el azote.

Sacristán
Digo que yo lo haré como me mandas.

Sebastiana
Pues dejemos respuestas y demandas.

Mamarria
(En la puerta.)
Hola, mujer.

Sebastiana
Que viene. Al cesto vete.

Sacristán
Voy allá, aguarda. Quiera Dios respete

mi sotana, mi grado y reverendas.

Sebastiana — Vamos presto.

Sacristán — Qué angustias tan tremendas.

(Entra en el cesto.)

Mamarria (Fuera.) — O soy tonto u oí por la ventana
que estaba hablando mi mujer Bastiana.
Hola, mujer.

Sebastiana — Espérese el pellejo.

Mamarria — ¿Qué va a que pillo aquí al sacristanejo?

(Abre Sebastiana la puerta y entra Mamarria mirando a todas partes.)

Mamarria — ¿Cornicabras a mí? No, picarona.
¿Dónde está? ¿Dónde está aquella persona
con quien estaba hablando ahora a poco?

Sebastiana — ¡O el hombre está borracho o viene loco!
¿Por qué de mí ha pensado tal bajeza?

Mamarria — Porque a mí se me ha puesto en la cabeza.
Diga con quien hablaba y no alborote.

Sebastiana — Con nadie hablaba.

Mamarria
Pues habrá garrote.

Sebastiana
Por más que se lo diga no lo entiende:
aquí no habla ninguno, sino el duende.

Mamarria
Pues ¿quién es ese duende que platica
con vos y a mí en los lomos me repica?

Sebastiana
Un diablo retozón.

Mamarria
¿Qué? ¡Guarda, Pablo!
¿Conversaciones tienes con el diablo?
¿Bruja, descomulgada y hechicera
la mujer de Mamarria? Espera, espera,
que yo te haré con estas sobaduras
que no andes con retozos, ni diabluras.

(Dale.)

Sebastiana
¡Ay, ay, ay, que me mata este bergante!

Mamarria
Al señor cura voy luego al instante
a decirle que sois una judía;
mas antes llevarás la zurra mía.

(Dale.)

Sebastiana
¡Ay, que otra vez su furia se desata!
¡Ay, Dios! ¿No me socorren? ¡Que me mata!
¡Ah picarón, ah simple, ah consentido!

Socorro. ¡Que me pega mi marido!

Mamarria

¿Su marido la pega? No lo entiendes:
No te pega el marido, sino el duende.

(Estornuda el Sacristán.)

¡San Pablo! O de la oreja estoy muy rudo,
o escuché hacia el rincón un estornudo.

Sebastiana

Será el gato, simplón.

Mamarria

¡Qué es lo que pasa!
¿Que hasta el gato estornuda ya en mi casa?

Sebastiana

Yo no sé dónde vos tenéis el seso.
¿No acabáis de entender que todo eso
el duende es quien lo hace? ¿No os lo he dicho?

Mamarria

¡Qué! ¿También estornuda aqueste bicho?
Si yo me acuesto es cosa que nos robe.
Yo tengo que buscarlo, a fe de pobre.
Hacia aquí sonó el ruido, aquí está un bulto,
debajo de ese cesto estará oculto.

(Levanta el cesto y descubre al Sacristán, que se representa haciendo feísimos gestos.)

¡Oh, señor duende! Sea bienvenido.
¡Válgame Dios! ¡Jesús, qué parecido
es al sacristanejo de la aldea!
Mujer, ¿es éste el duende?

Sebastiana — Que no vea
el salvaje lo que es. ¿No lo has notado?

(Levántalo del cesto Mamarria, agarrándolo por la mano lo va mirando con atención.)

Mamarria — Este es el sacristán pintiparado.

Sebastiana — Que es el duende.

Mamarria — ¿Los duendes tienen
faldas?

Sebastiana — Sí, tonto.

Mamarria — Pues también tendrán espaldas.

(Dale.)

Sacristán — ¡Ay, ay, de mis costillas!

Sebastiana — ¿No hay quien corra,
y al pobre sacristán me lo socorra?

(Salen dos vecinos y tres vecinas.)

Vecino I — ¿Qué es aquesto, vecino?

Vecino II — ¿Pues cómo hacéis tan grave desatino,
apaleando a un sacristán honrado
que por la Iglesia está beneficiado?

Mamarria — ¡Jesús, y qué locura! ¿No lo entiende?
Que no es el sacristán, sino es el duende
y a garrotazos quiero conjurarle.

(Dale.)

Vecina I — No alborotéis la calle.

Sacristán — ¡Que me matan, vecinos!

Vecina II — En efecto.
Tú no quieres guardarnos el respeto,
ni al sacristán tampoco.

Mamarria — No lo entiende,
que no es el sacristán, sino es el duende.

Vecina III — Cese ya, señor Mamarria, que esto ha sido
chasco no más.

Mamarria — Lo doy por recibido.
Véngase a chasquearme el que quisiere,
que al coste tomaré el que se me diere.

Sacristán — ¡Ay, mis lomos!

Sebastiana — Villano,
yo te juro asentarte bien la mano.

Todos — Bailemos y acabar la peleona.

Mamarria (Canta.) — Yo bailaré aunque sea la tontona.

Vecinas — Di, ¿por qué no has creído,
Mamarria, en el duende?

Mamarria — Porque ya solo hay bobos
en entremés.

Fin de la comedia

Libros a la carta

A la carta es un servicio especializado para
empresas,
librerías,
bibliotecas,
editoriales
y centros de enseñanza;

y permite confeccionar libros que, por su formato y concepción, sirven a los propósitos más específicos de estas instituciones.

Las empresas nos encargan ediciones personalizadas para marketing editorial o para regalos institucionales. Y los interesados solicitan, a título personal, ediciones antiguas, o no disponibles en el mercado; y las acompañan con notas y comentarios críticos.

Las ediciones tienen como apoyo un libro de estilo con todo tipo de referencias sobre los criterios de tratamiento tipográfico aplicados a nuestros libros que puede ser consultado en Linkgua-ediciones.com.

Linkgua edita por encargo diferentes versiones de una misma obra con distintos tratamientos ortotipográficos (actualizaciones de carácter divulgativo de un clásico, o versiones estrictamente fieles a la edición original de referencia).

Este servicio de ediciones a la carta le permitirá, si usted se dedica a la enseñanza, tener una forma de hacer pública su interpretación de un texto y, sobre una versión digitalizada «base», usted podrá introducir interpretaciones del texto fuente. Es un tópico que los profesores denuncien en clase los desmanes de una edición, o vayan comentando errores de interpretación de un texto y esta es una solución útil a esa necesidad del mundo académico.

Asimismo publicamos de manera sistemática, en un mismo catálogo, tesis doctorales y actas de congresos académicos, que son distribuidas a través de nuestra Web.

El servicio de «libros a la carta» funciona de dos formas.

1. Tenemos un fondo de libros digitalizados que usted puede personalizar en tiradas de al menos cinco ejemplares. Estas personalizaciones pueden ser de todo tipo: añadir notas de clase para uso de un grupo de estudiantes, introducir logos corporativos para uso con fines de marketing empresarial, etc. etc.

2. Buscamos libros descatalogados de otras editoriales y los reeditamos en tiradas cortas a petición de un cliente.

Printed in Poland
by Amazon Fulfillment
Poland Sp. z o.o., Wrocław